おいしい七変化

小麦粉

冷水希三子

京阪神エルマガジン社

小麦粉とわたし

シンプルながらも小麦粉はとても奥深い食材です。手順やこね方などの調理法はもちろん、産地や製法など、粉のわずかな違いでも、味や仕上がり、表情までが大きく変化するのです。

この本をつくるまで、わたしは小麦粉料理に少し苦手意識があり、いま一歩踏み込めずにいました。小麦粉を見つめ、触れ、香りを嗅いでも、粉から生まれてくる料理のイメージをうまく想い描くことができなかったのです。

しかし、粉を感じながら幾度も試作を重ねていくうちに、他の素材を料理するのと同じリズムで手を動かせるようになり、自分でつくることでしか味わえない小麦粉料理というものに気付きはじめました。そして、ふとした瞬間から、「もしかして、小麦粉と仲良くなれてる？」と実感するようになったのです。

小麦粉料理の魅力は、何度でもつくりたくなること。食材棚の奥に小麦粉が眠っている方にも、小麦粉の新たな楽しさ、つくりたてのおいしさを知っていただければ嬉しいです。

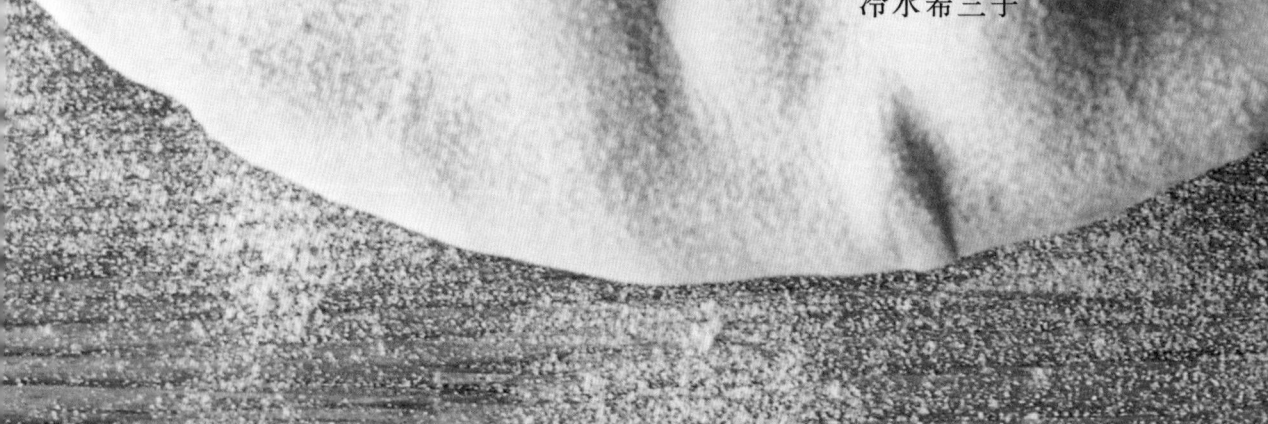

冷水希三子

小麦粉料理の前に…

◎小麦粉の種類

含まれているたんぱく質の質と量などで薄力粉、中力粉、強力粉の3種類に区別し、販売されています。用途にあわせ使い分けましょう。

◎基本のこねかた

まず、ひとまとめにした生地を大きなまな板にのせます。手前から奥のほうへ、手のひらで押し出すように生地をのばした後、手前に折りたたむようにして生地を重ね、さらに奥へ押しだし…という作業を、何度もくり返します。

◎発酵について

発酵させるのは暖かい場所で、が基本。最適温度は28℃前後。気温や湿度によって発酵条件は変化するので、何度か試して自分なりに調整を。

◎あると便利な道具

大きなまな板・台…大きいほど作業がしやすい。
麺棒…生地をのばす時に。なければ瓶で代用。
スケッパー…もちろん包丁でもよいですが、生地を切ったり、はがしとるのに大変便利。
ピザカッター…ピザやパスタを切る時に。
刷毛…油などを均一に塗ることができます。
粉ふるい…なければ目の細かいざるで代用を。

◎レシピ表記　10のルール

❶「打ち粉」は分量外。強力粉を使用。
❷「ぬるま湯」＝25℃を目安に。
❸「中力粉」は強力粉と薄力粉をまぜてもよい。
❹「大さじ」=15㎖、「小さじ」=5㎖、「1カップ」=200㎖。
❺「固く絞った濡れふきん」はラップでも可。
❻「油」は、サラダ油などくせのない油を(私は普段、太白ごま油を使います)。
❼「オリーブオイル」はエクストラ・バージン・オリーブオイルを。
❽「バター」は無塩バターを。なければ少し減塩すること。
❾「塩」は自然塩を、「砂糖」はなるべく精製されていないものを使いましょう。
❿焼く温度はガスオーブンが基準です。電気オーブンの場合は、＋20℃を目安に。

まずは台所にある
小麦粉を使って、
とっても簡単で
シンプルなケーキを
焼いてみましょう。

ローズマリーとバナナのケーキ

ローズマリーとバナナのケーキ

材料(10人分)
タテ18×ヨコ8×高さ6cmのパウンド型使用 *

A
- 薄力粉　160g
- ベーキングパウダー　小さじ1

B
- 油　100g
- 砂糖　70g
- 塩　3g

卵　3個
レモンの皮　1個分
バナナ　1本(130g)
ローズマリー　1〜2本

* オーブンシートがない場合は、バターを型の内側に塗り、上から強力粉を軽くふりましょう。

料理について

初心者でもOK!　材料をまぜて、型に流し、オーブンで焼くだけ。右ページで紹介する12のステップに従えば、ちょっぴり大人なパウンドケーキがあっという間に完成します。外はさくっと、中はしっとり。素朴な甘みとローズマリーの香りに、ほっとひと息。

まず材料を準備。バナナは熟したものを、レモンは無農薬がベター。

ボウルと粉ふるいを用意し、**A**をあわせてボウルにふるっておく。

レモンの皮をピーラーなどでむき、包丁でみじん切りにしておく。

大きめのボウルに**B**の材料を全て入れ、泡立て器でよくまぜる。

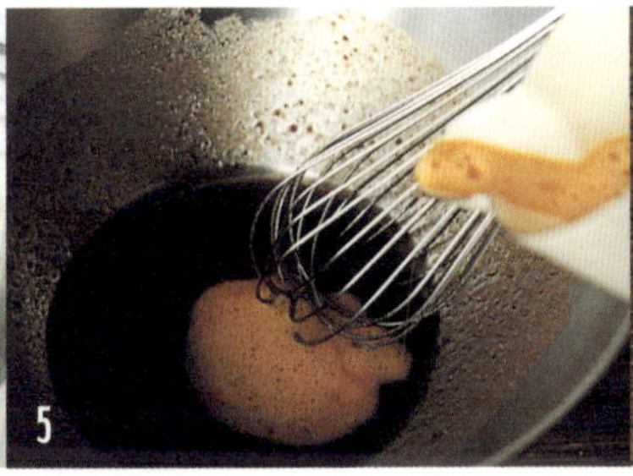

卵と**3**を器でまぜ、3回に分けて**4**のボウルに注ぎながらまぜる。

バナナの皮をむき、ボウルに入れて、フォークの背でよく潰す。

5のボウルに**2**の1/3の粉と潰したバナナを加え、ヘラでまぜる。

残りの粉を全て入れ、粉っぽさがなくなるまで切るようにまぜる。

オーブンシートとパウンド型を準備。シートを型にあわせて切る。

型にシートを敷き、**8**の生地を入れ、ローズマリーを軽く埋める。

180℃に温めたオーブンにパウンド型を入れ、35分ほど焼く。

35分経過。オーブンからパウンド型を取り出せば、ケーキが完成!

おいしい七変化　小麦粉

オーブンで焼く

フライパンで焼く

茹でる

煮込む

揚げる・蒸す

小麦粉／オーブンで焼く

モーニングシリアル

材料(10人分)

A

- 強力粉　1/2カップ
- アーモンド(生)　1/2カップ
- ひまわりの種(生)　1/3カップ
- かぼちゃの種(生)　1/3カップ
- 干しぶどう　1/2カップ
- オートミール　1カップ
- シナモンパウダー　小さじ2
- 塩　小さじ1/3

B

- 油　大さじ3
- メープルシロップ　大さじ4

1 Aを大きめのボウルに入れ、フォークでまぜあわせる。

2 小さなボウルにBを入れてよくまぜた後、1に加えてさらにかきまぜる。

3 オーブンの天板にクッキングシートを敷き、2のシリアルを広げ、150℃に温めたオーブンで5分焼く。

4 一度オーブンから天板を取り出し、シリアルをフォークでよくまぜて、さらに5分焼く。この作業をあと3回繰り返し、合計25分間、しっかり焼き込む。

5 焼き上がったら天板を取り出し、粗熱をとる。

6 シリアルが冷めたら、密閉容器で保存する。

料理について

そのまま食べられるようにと加工した穀類食、シリアルは簡単に手作りできるんです。カリッとしたアーモンドの食感、しっかり効いたシナモンの香り、メープルシロップの優しい甘さ…これが、牛乳とあう！　朝、すんなり胃に収まる、優しい味わいです。密閉容器で保存すれば、2週間は日持ちします。

いろんな素材で

アーモンドは、くるみや他のナッツでも代用できます。干しぶどうの代わりにクランベリーやマンゴー、りんごなどのドライフルーツを用いてもおいしいですよ。

山食パン

顔が熱くなるのも忘れてオーブンにかじりつき
中で焼かれている食パンを見ていたら
生きてるみたいにむっくりと、型からパンの頭が出てきた。
ふたをせずに焼いた山型の食パンは
のびやかに生地がふくらむので、柔らかく軽い食感になる。
焼くとカリッとして、焼きたての香ばしさに胸がはずむ。

いっぽう、型にふたをして、閉じ込めて焼く“角食パン”は
生地に水分が閉じ込められ、しっとりしたきめの細かい食パンになる。
まるで、箱入り娘。

「好きな人のタイプは?」という質問と同じく
山食パンと角食パンの好みについては意見が分かれそう。
実をいうと私も、どちらの食パンも好きで、ひとつに絞れない。
浮気者なのかも……。

網で焼くか、オーブンで焼くか。
バターを塗るか、その上にジャムか、ハチミツか…
そんな具合に、食べ方についてもたくさんの誘惑がある。
だから、飽きないのかもしれない。

秘密の、一番おいしい食パンの食べ方をこっそり書いてみる。
焼き上がった食パンが冷めてきて、周りに誰もいないことを確かめたら
手で大きくちぎり、かぶりつく。
スライスした時の洗練された味とはがらりと違う味わいに驚くはず。
おおらかな小麦の香りに包まれ、きっと幸せな気持ちになるだろう。

山食パン

材料（1斤分）
タテ22×ヨコ8×高さ8cmのパウンド型使用

A
- 強力粉　450g
- 塩　8g
- 砂糖　14g
- ショートニング　8g *

B
- ドライイースト　8g
- 砂糖　2g
- 牛乳　45mℓ

ぬるま湯　240mℓ

* おすすめは、オーガニックのショートニング。バターでも代用可。

山食パンと相性の良いもの

〈バナナとグレープフルーツのジャム〉
皮をむいたグレープフルーツとバナナを2：1の割合で鍋に入れる。果物の重量に対し35％のグラニュー糖を加えて10分煮込み、最後にローズマリーを適量入れると、さっぱりとしたジャムのできあがり。

〈きゅうり〉
食パンを焼かずに、きゅうりだけをのせて。氷塩水にスライスしたきゅうりを漬けておき、水分をふき取ってバターを塗った食パンにのせるだけ。ワインのお供にも。

1 牛乳を人肌に温めておく。

2 小さめのボウルに**B**を入れ、フォークでまぜあわせて5分ほどおく。

3 大きめのボウルに**A**を入れ、全体がなじむまでフォークでまぜあわせる。

4 **3**のボウルに**2**を加え、ぬるま湯を少しずつ注ぎながら粉っぽさがなくなるまでフォークでまぜた後、手でひとまとめにする。

5 まな板に生地を移し、叩きつけたりのばしたりしながら(**a**)、全体にハリが出るまで15分ほど手のひらでよくこねる。

6 生地をきれいな大きめのボウルに移し、固く絞った濡れふきんをかぶせ、1時間ほど1次発酵させる。

7 スケッパーなどでボウルの底から生地を優しくはがしとり、打ち粉をした(**b**)まな板に移す。拳で1回生地を軽くパンチしてガスを抜いた後、2等分に切り、切れ目を中に折り込むように生地を丸める。

8 型にショートニング(分量外)を指先で薄く塗り、少し間隔をあけるようにして(**c**)とじ目を下にした生地を隣同士になるよう入れる。再び固く絞った濡れふきんをかぶせ、1時間ほど2次発酵させる。

9 上から強力粉(分量外)を軽くふり(**d**)、200℃に温めたオーブンで25分ほど焼く。

a 水分が多い生地なので、叩きつけながらこねるとなじみやすい。

b ひとにぎりの打ち粉をまな板におき、手で均一にのばしておく。

c 発酵すると生地が2倍ほどにふくらみます。

d 表面が乾燥しすぎないように、粉を軽くふっておく。

日々のベーグル

ドーナツのような姿をしたパン、ベーグル。
丸いパンに穴があいているだけで
なんだか見ていて微笑ましい。

ドーナツを思い浮かべながらほおばると
予想以上にもっちりとひっぱられ
噛むほどに小麦の風味が広がっていく。
独特の歯ごたえが楽しいパンだ。

その歯ごたえの秘密は、焼く前に茹でること。
発酵したパン生地を茹でるというひと手間が
ベーグルを特別なパンに変える秘訣だ。

プレーンなのに味わい深い、いやプレーンだからこそ味わい深い。

焼きたてのベーグルはそのままでいただく。
翌日は、横半分に切ってから焼くと「もっちり」に「カリッと」が加わり
また違った食感が楽しめる。

日々食べるものは
その日の気分でどんなふうに食べてもおいしく
飽きがこないフトコロの深さがある。

日々のベーグル

材料(6個分)

A

強力粉　250g
全粒粉　50g
塩　5g

B

ドライイースト　3g
ハチミツ　15g

ぬるま湯　150mℓ
水　2ℓ
砂糖　大さじ2

料理について

日々食べるベーグルということで、栄養価が高く噛みごたえも出る全粒粉を少し使用しました。全粒粉がない場合は強力粉300gでもOK。仕上がりがまろやかになります。

1 大きめのボウルにAを入れ、フォークで全体が均一になるようにまぜる。

2 粉の中央にくぼみをつくり、Bを入れる。ぬるま湯を少しずつ加えてBを溶かしながら、粉っぽさがなくなるまでフォークでまぜた後、手でひとまとめにする。

3 まな板に生地を移し、手のひらを使って全体にハリが出るまで10分ほどこねる。

4 打ち粉をしたまな板に生地をのせ、ひとまとめにして6等分に切り、それぞれ丸め、とじ目が下になるようにおく。

5 固く絞った濡れふきんを生地にかぶせ(a)、10分休ませる。

6 生地のとじ目が上になるようにおきかえ、手のひらほどの大きさになるまで手で押し潰す。

7 生地を3つ折りにし(b)、転がしながら20cmの長さにのばす(c)。生地の両端は少し細くする。

8 生地のとじ目を上にし、片方の端を3cmほど押し広げて(d)、もう片方を包み込んでとじ、リング状にする(e)。

9 天板にクッキングシートを敷き、打ち粉をふる。間隔をあけて生地をのせ、固く絞った濡れふきんを生地にかぶせ、30〜40分発酵させる。

10 大きめの鍋に水を入れ、砂糖を加えて沸騰させる。発酵させた生地の底面をまず上向きに入れ1分、裏返して30秒茹で、網じゃくしで取り出し、9の天板に再びのせる。

11 190℃に温めておいたオーブンに天板を入れ、生地を20分ほど焼く。

a ふきんが生地に付いて取りづらい場合は、ふきんを少し湿らせると取りやすい。

b

c

d

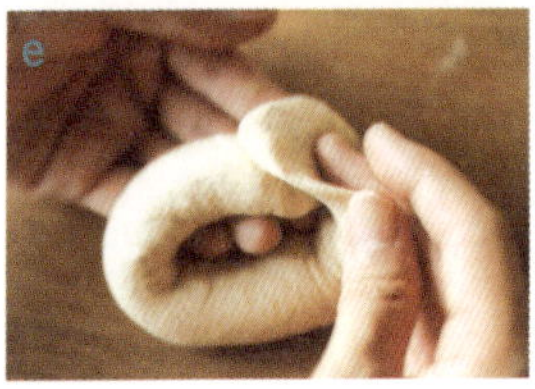
e

ジェノベーゼのピッツァ

材料

ジェノベーゼソース(2〜3回分)

バジル　25g
パルミジャーノ　20g
松の実　大さじ2
にんにく　1片
塩　小さじ1/3
オリーブオイル　180㎖

ジェノベーゼのピッツァ(3枚分)

A
- 強力粉　200g
- 塩　2g
- ドライイースト　2g

B
- ぬるま湯　100㎖
- オリーブオイル　大さじ1-1/3

モッツァレラチーズ　1〜2個
ジェノベーゼソース　大さじ6

料理について

世界中で愛される小麦粉料理、ピッツァ。焼き時間が短く、手軽につくれます。良質な小麦粉が手に入った時は、生地の旨みを引き出すジェノベーゼのピッツァをぜひ。

おいしさの秘密

ジェノベーゼソースは、パスタにはもちろん、ポテトサラダと和えたり、鶏肉に塗ってオーブンで焼いてもおいしいです。冷蔵庫で保存すると1週間ほど日持ちします。

ジェノベーゼソース

1 松の実をフライパンに入れ、弱火でから煎りする。

2 煎った松の実と芯を取ったにんにく、オリーブオイル30㎖をミキサーにかける。ある程度まざったら、残りの材料を全て加え(バジルは手でちぎって最後に入れること)、再びミキサーにかけ、ペースト状になるまでかくはんする。

ジェノベーゼのピッツァ

1 大きめのボウルに**A**を入れる。塩とドライイーストは離れた場所におくこと。

2 **B**を別のボウルでまぜた後、**1**のボウルに少しずつ加え、ドライイーストを溶かしながら粉っぽさがなくなるまでフォークでまぜた後、手でひとまとめにする。

3 生地をまな板に移し、全体にハリが出るまで手のひらで10〜15分こねる。

4 きれいなボウルに生地を移し、固く絞った濡れふきんをかぶせ、1時間ほど発酵させる。

5 打ち粉をしたまな板に生地を移し、拳でパンチして空気を抜く。3等分に切り分け、それぞれ丸く成形する。とじ目を下にして、固く絞った濡れふきんをかぶせ、生地を10分休ませる。

6 まな板に打ち粉をし、生地を麺棒で5㎜の厚さにのばす。大さじ2のジェノベーゼソースを表面に塗り、モッツァレラチーズをちぎってのせる。

7 250℃に温めたオーブンで7分ほど焼く。

カルツォーネ・マルゲリータ

大きな餃子のような形をしたカルツォーネは
ピッツァを二つ折りにして焼いただけの料理。
そのままピッツァとして焼いても充分おいしいのに
どうしてわざわざ二つ折りにして焼くんだろう？
そんな疑問がふくらんだ。

実はカルツォーネの形は、ホットドックやパニーニのように
持ち運びしやすいようにと考案されたものらしく
イタリアでは古くから親しまれている食べ物だそう。
包み焼きなので、ソースが冷めにくく、手が汚れない。

実際につくって、食べてみて、何となく味の違いも見えてきた。
ピッツァはオーブンで焼くとソースの水分が抜けて、ぎゅっと味が凝縮する。
生地とソースがしっとりふれあう部分や
かりっとこげ目が付いたふちが魅力的。

カルツォーネの場合は、生地の中でソースが蒸し焼き状態となり
具がまざりあいながら、ソースが徐々に育っていく。
外側はとにかくカリッと、中はとろりとして
口に入れると、熱々のクリーミーなソースが溢れ出る。
中が見えないことも、わたしの妄想をかきたてる。

日本でいうなら日の丸弁当とおむすび？
おむすびにはおむすびの魅力があり、カルツォーネもまた然り。
用途から生まれた形の料理だとしても
その形でしか味わえない良さがある。

カルツォーネ・マルゲリータ

材料(2個分)

中力粉　300g
塩　5g
A
［砂糖　3g
　ドライイースト　3g
B
［ぬるま湯　160mℓ
　オリーブオイル　大さじ1
トマトソース　1カップ*
バジル　6〜8枚
モッツァレラチーズ　2個

* トマトソースを手作りするとさらに美味!
作り方は→P84

料理について

イタリア生まれのピッツァは地方ごとに焼き方や形、具材、食べる時間帯さえも異なる、郷土に根付いた料理。円形ピッツァを2つ折りしたカルツォーネは、北部では焼く、南部では揚げるのが主流だそう。今回は家庭でもつくりやすいように、焼くスタイルで。

1. 大きめのボウルに中力粉と塩を入れる。塩と離れた場所に**A**をおく。
2. まぜあわせた**B**を**A**にかかるように少しずつ注ぎ、粉っぽさがなくなるまでフォークでまぜた後、手でひとまとめにする。
3. 生地をまな板に移し、全体にハリが出るまで手のひらで10分ほどこね、きれいなボウルに移す。固く絞った濡れふきんをかぶせ、1時間ほど発酵させる。
4. 打ち粉をしたまな板に生地を移し、拳でパンチしてガスを抜く。2等分に切ってそれぞれ丸め、再び固く絞った濡れふきんをかぶせ、生地を20分ほど休ませる。
5. 直径20cmほどの円形になるように、生地を麺棒でのばす。
6. 円形生地の半分にトマトソースをのせ、生地1枚につき、適当な大きさにちぎったモッツァレラチーズ1個とバジルの葉3〜4枚をのせ、上からオリーブオイル(分量外)をまわしかける。
7. ソースを塗っていない生地を、塗った面にかぶせるように2つ折りにし(**a**)、ふちを折り込み(**b**)、さらにフォークで押さえる(**c**)。
8. 230℃に温めておいたオーブンで生地を10〜15分焼く。

a

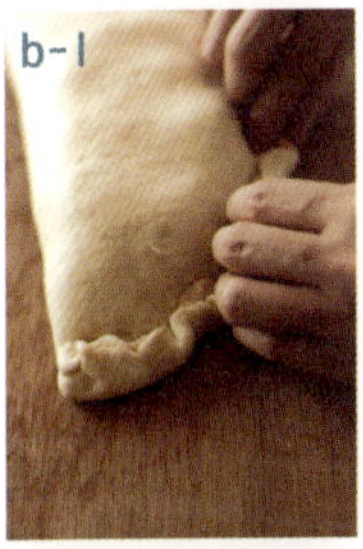
b-1

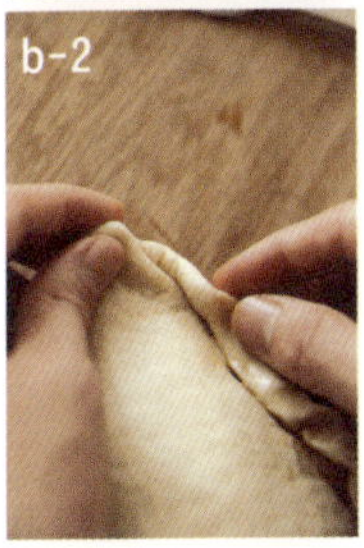
b-2

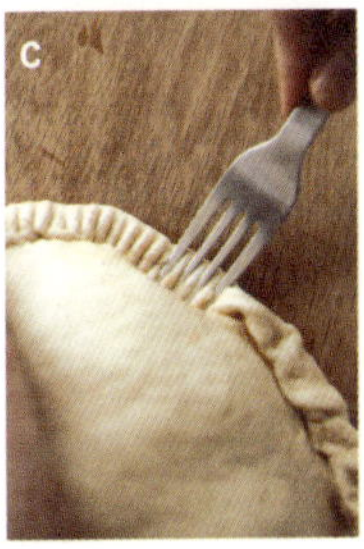
c

プルーンのファー・ブルトン

フランスの北西部、ブルターニュ地方の
伝統的な焼き菓子のひとつに、ファー・ブルトンがある。

雑穀を牛乳で煮たお粥(ファー＝far)から生まれたお菓子。
かつてこの地方では、やせた土壌でも育つそばの実を
お粥にして主食としていたそうだ。
そこに、料理の付けあわせのフルーツを入れたのが
ファー・ブルトンのはじまり。

今はプルーンなどの果物にたっぷりの牛乳と卵、そして小麦粉でつくる。
ブルターニュ地方はおいしい塩の名産地でもあり、バターも有塩のものが多い。
なので、お菓子にも塩をよく効かせている。

日本で生活しているとあまり耳慣れないお菓子だが
実は、ごく身近な材料でつくることができるのだ。

焼きたてもおいしいが、私は一日冷蔵庫で冷やして、
生地がしまってもっちり、しっとりとした頃のものが好み。
シンプルなお菓子だけに、食べ頃も大事という気がする。

焼いたその日は我慢して
翌日の朝、コーヒーや紅茶と一緒に食べるのが幸せ、かな。
その幸せを想像したら、我慢も味のうち…。

プルーンのファー・ブルトン

材料

プルーンのワイン煮(2～3回分)

ドライプルーン(種なし)　250g
赤ワイン　200mℓ
砂糖　35g
水　100mℓ
レモン汁　1/2個分
シナモンスティック　1本

プルーンのファー・ブルトン(4人分)
タテ22×ヨコ14×高さ5cmの耐熱皿を使用

薄力粉　85g
卵　3個
砂糖　70g
牛乳　420mℓ
プルーンのワイン煮　10～12個
バター　少々

プルーンのおいしい食べ方

プルーンは、たっぷり煮て冷蔵庫に保存しておくと便利。ヨーグルトにひと粒、ローストした豚肉などの付けあわせに…もちろんそのままつまんでおやつにしても。保存する時は

きれいな密閉容器や瓶に入れ、プルーンに煮汁がかぶっている状態にすること。

プルーンのワイン煮

1 全ての材料を小さめの鍋に入れる。

2 落としぶたをして、弱火で20分ほど煮る。

プルーンのファー・ブルトン

1 ボウルに卵と砂糖を入れ、卵黄と卵白がしっかりとまざりきるまで、泡立て器でよくまぜる。

2 薄力粉と塩ひとつまみ(分量外)をふるいながら1のボウルに入れ、粉っぽさがなくなるまで泡立て器でまぜた後、牛乳を注ぎながらゆっくりまぜる。

3 バター(分量外)を塗った耐熱皿に2の生地を入れ(a)、プルーンのワイン煮をちらす。

4 180℃に温めたオーブンに耐熱皿を入れ、40～50分焼く(b)。

a 焼いている途中に器から液が溢れないように、生地を入れる量は8分目までにする。

b 生地がふくらみ、きつね色の焼き色が付いた頃が焼き上がりの目安。

いちごのヨーグルトスフレ

材料(4人分)
直径8cmのココット4個使用

薄力粉　35g
牛乳　90mℓ
無糖ヨーグルト　50g
いちご　150g
バター　10g
卵　2個
砂糖　30g
バニラエッセンス　少々
グラニュー糖　少々

1 ボウルに薄力粉をふるい入れ、牛乳50mℓを少しずつ注ぎながら泡立て器でまぜる(ここでよくまぜておくと後でダマになりません)。

2 牛乳40mℓと無糖ヨーグルト、いちごをミキサーにかける。

3 **2**がペースト状になったら鍋に移し、弱火にかける。**1**の生地を少しずつ加えながらまぜる。鍋肌部分がこげやすいので、すみずみまでよくまぜるように。

4 とろみが出てきたら(カスタードクリームのような状態が目安)バターを加え、火を止める。バターを溶かしまぜた後、きれいな大きめのボウルに移す。

5 卵を割り、卵白と卵黄をそれぞれボウルに分け入れる。卵白に砂糖を3回に分けて加えながら、ツノが立つくらいまで固く泡立ったメレンゲをつくる。

6 **4**のボウルの粗熱がとれてきたら(卵がすぐに固まらない温度)、ボウルで溶いた卵黄とバニラエッセンスをそれぞれ加えてまぜる。

7 **6**のボウルにメレンゲ1/3を加え、ヘラでしっかりまぜあわせた後、さっくりと泡を潰さないように残りのメレンゲを加えてかきまぜる。

8 ココットの内側にバター(分量外)を塗り、グラニュー糖をまぶした後、生地をたっぷり流し入れる。

9 オーブンを180℃に温めておく。天板にココットをのせてオーブンにセットし、天板の8分目ほどまで熱湯を注ぎ入れ、25分蒸し焼きにする。

料理について

フランス語で「吹く」という言葉に由来するスフレは、メインディッシュにもデザートにもなる変幻自在な料理。むくむくと器から生地が吹き上げてきたら出来上がりの印です。焼きたてあつあつが一番なので、食べる準備を整えてからオーブンへ!

おいしいアレンジ

いちごとヨーグルトの代わりにパルミジャーノと黒こしょうを入れて焼くと、ワインにぴったりのスフレになります。

小麦粉のごちそう

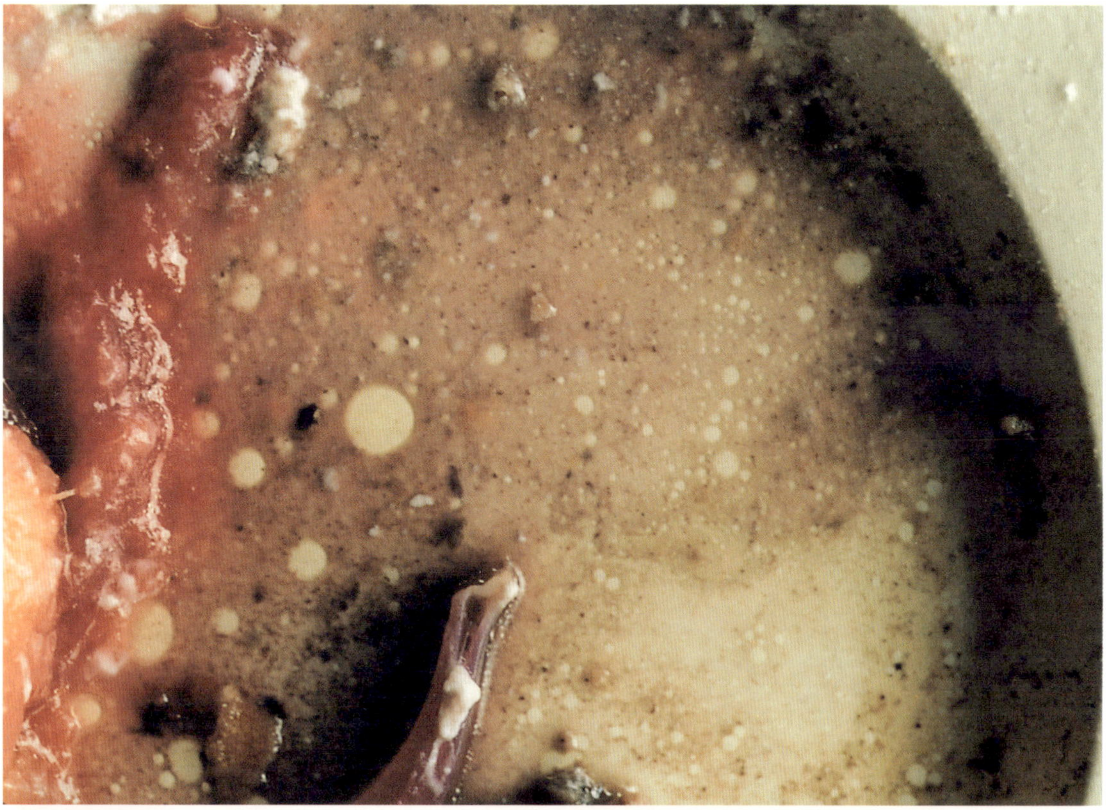

赤い風船

目の前の赤い果実の器に
鴨がスパイスの香りを抱いて飛び込んで来た。

薄い薄い小麦の生地が器を包んでしまうと
もう中の果実たちは誰にも気づかれない存在となる。
手を差し出せるのは、火と自然の力だけ。

焼き上がると、そこには風船が現れる。

さくりと静かに風船を割れば
スパイスと果実の香りがふわっと立ちのぼり
焼く前とは姿の異なる赤い果実は、鴨を潤すソースと化している。

中の様子が見えない料理は
なぜだか、ワクワクした気持ちになる。
そして、自然の力に感謝する気持ちすらも与えてくれる。

そっと風船を口に含むと
いろいろな香りを吸い込んだ、いろいろな小麦の味がする。

風船に詰まった果実や鴨はもちろん最高においしいけれど
小麦の風船も、主役におとらぬごちそうだ。

赤い風船

材料

風船のパン生地(4人分)

強力粉　210g
塩　2g
水　110㎖
オリーブオイル　大さじ1

赤い風船(4人分)
直径24㎝の耐熱皿を使用

鴨ロース　1枚
すもも　2〜3個
ぶどう　1/2房
赤玉ねぎ　小1個
オリーブオイル　大さじ3
A
- 赤ワイン　80㎖
- バルサミコ　大さじ1
- ローズマリー　2本
- にんにく　1片
- シナモンスティック　2本
- スターアニス　2個
- クローブ　4粒

風船のパン生地　4人分

料理について

すももとぶどうの香りがぜいたくに楽しめるこの料理は、ホームパーティーなどのメインディッシュにぴったりの華やかさ。実はオーブンまかせの簡単な料理です。鴨肉は豚か鶏肉でも代用可、すももが揃わない季節はりんごを使うとまた別の味わいが。

風船のパン生地

1　強力粉と塩を大きめのボウルに入れてフォークでひとまぜし、水とオリーブオイルを少しずつ加えながら粉っぽさがなくなるまでかきまぜ、手でひとまとめにする。

2　生地をまな板に移し、全体にハリが出るまで手のひらを使って5分ほどこねる。

3　生地を丸めて、固く絞った濡れふきんをかけ、30分休ませる。

赤い風船

1　Aをビニール袋でまぜあわせ、鴨ロースを入れて冷蔵庫で1時間〜一晩マリネする(マリネ液は後で使うので捨てないように)。

2　1の袋から鴨ロースを取り出し、キッチンペーパーで水気をふき、包丁で皮に切り込みを入れる。肉の両面に塩(分量外)をまぶした後、フライパンで皮目側だけをこんがり焼き、一度器に取り出す。

3　2のフライパンの油をキッチンペーパーでふき取り、1のローズマリー以外のマリネ液をフライパンに注ぎ、少し煮詰める。

4　赤玉ねぎを1cm幅のくし切りにして耐熱皿にまんべんなく敷き、皮目を上にした鴨ロースをのせる(a)。周りにすもも、ぶどうを添え、3のマリネ液をかけてローズマリーをのせ、さらにオリーブオイルをふる。

5　休ませておいた風船部分のパン生地を打ち粉をしたまな板に移し、直径28cmほどの円形に薄くのばす(b)。生地のふちに、水で少し薄めた卵黄液(分量外)を塗る(c)。

6　生地を皿にかぶせるようにのせ(d)、生地の端が耐熱皿とぴったり付くように押さえる(e)。生地の上から強力粉を軽くふる。

7　200℃に温めておいたオーブンに耐熱皿を入れ、6分焼く。その後160℃に落とし、さらに15分焼く。焼き終わったら、そのままオーブンの中で20分ほど落ち着かせてから耐熱皿を取り出す。

8　風船のパン生地をナイフで割り、中の鴨を取り出して食べやすい大きさに切り分け、パン生地と一緒に器に盛る。

c　小麦粉を水で薄く溶いたものでも代用可。

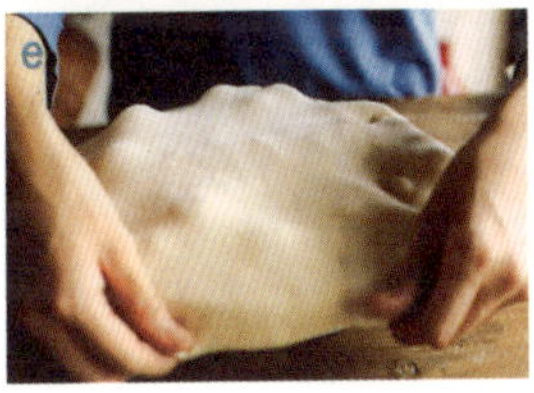

小麦粉 /
フライパンで焼く

ぱりぱり焼き餃子

焼き餃子は、家族とか友達とか
人を集めて大勢でつくると楽しい。
市販の皮でつくればすぐに出来て簡単だけど
粉にまみれながら皮から手作りすると
共同作業の連帯感が生まれるのか、もっと楽しい。
わいわい言いながら包めば、会話もはずむ。

手作りならではの少し厚めの皮はもっちりとしていて
具に負けないくらいの存在感が出る。
しかも、皮が乾いていないから
ひっぱったり、くっつけたり
自由自在に包むことができる。

餃子の包み方は、人によって大きさや形が大きく異なる。
包み方で占いが出来そうなほど、個性が出る。

中国では、焼き餃子よりも水餃子が一般的だそうだが
日本では、皮をあまり手づくりしないせいか
それとも餃子＝ビールのイメージのせいか
焼き餃子のほうに人気があるようだ。
私も焼き餃子の時は、片手にビールがおきまり。

あつあつ、ぱりぱりの皮を噛むと
中からじゅわっと肉汁が出てくる。
そして、その肉汁を吸い込んだ皮が、
秘かにわたしの一番の楽しみでもある。

ぱりぱり焼き餃子

材料

焼き餃子の具(約40〜50個分)

豚ミンチ　200g
長ねぎ　15cm(35g)
白菜　2〜3枚(200g)
塩　小さじ1/2

A

塩　小さじ1/3
こしょう　少々

B

酒　大さじ1
しょうが汁　小さじ2
醤油　小さじ2
水　大さじ2
ごま油　大さじ1

焼き餃子の皮(約40〜50個分)

中力粉　200g
塩　小さじ1/4
熱湯　140mℓ

おいしさの秘密

餃子の具が余った時は、簡単フォーをどうぞ。昆布のだし汁に具を丸めて入れ、塩とナンプラーで味付けて、たっぷりの香菜を。暑い夏でもさっぱりいただける一品に変身します。

焼き餃子の具

1 白菜をみじん切りにして塩をまぜ、15分ほどおく。水が出てきたら水分を絞る。

2 長ねぎをみじん切りにする。

3 ボウルに豚ミンチと**A**を入れ、手でよくこねる。

4 **B**を表記の上から順に**3**のボウルに入れ、その都度手でこねる。

5 **1**と**2**をボウルに加えて手でこねた後、30分ほど冷蔵庫でなじませる。

焼き餃子

1 中力粉と塩をボウルに入れ、箸でまぜながら熱湯を一気に注ぎ入れ、まぜる。生地の粗熱がとれ、粉っぽさがなくなってきたら手でひとまとめにする。

2 生地をまな板に移し、全体にハリが出るまで手のひらで5分ほどこねる。生地をひとまとめにして固く絞った濡れふきんをかぶせ、30分ほど休ませる。

3 打ち粉をしたまな板に生地を移し、手のひらで転がして直径2cmほどの棒状になるまでのばし、1.5cm幅に切る(**a**)。

a

4 切った面を上下におきなおし、手のひらで上から軽く押し潰し、麺棒で薄い円形にのばす。

5 手のひらに皮をのせ、小さなスプーン2杯分の具をのせる。皮の両端をあわせてつまみ、ひだをつくりながら両サイドをとじていく(**b**)。

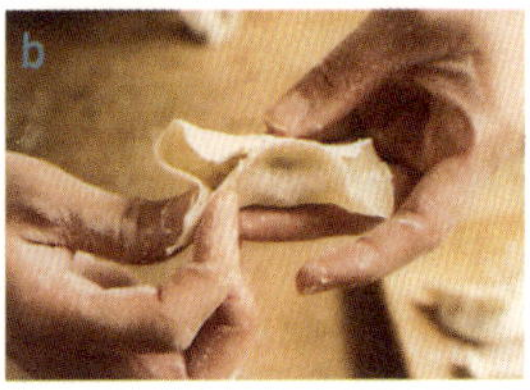
b

6 フライパンに油(分量外)を薄くひき、中火にかけて餃子を並べ入れる。餃子の高さの1/3にまで熱湯を注ぎ、ふたをして、熱湯がなくなるまで5分ほど蒸し焼きにする。

7 仕上げに油大さじ1/2～1(分量外)をまわしかけ、餃子にぱりっと焼き目を付ける。

春《しゅん》餅《ぴん》

材料

スパイシーグリルチキン(4人分)

鶏もも肉　1枚
A
酒　大さじ1/2
ごま油　大さじ1
五香粉　小さじ1
ハチミツ　大さじ1-1/2
ナンプラー　大さじ1-1/3

春餅(20枚分)

中力粉　200g
熱湯　160g
サニーレタス　適量
コリアンダー(好みで)　適量
長ねぎ(好みで)　適量
味噌(好みで)　適量
スパイシーグリルチキン　4人分

料理について

中国・北京では、立春の日に春餅を食べる習慣があります。春餅を「頭からしっぽ」まで食べると、物事を最後までやり遂げられる、首尾一貫するという縁起の良い謂われも。

おすすめの食べ方

ジューシーに仕上げたチキンにたっぷりのコリアンダー、白髪ねぎをトッピング。北京ダックのように、テンメンジャンと金山寺味噌を1:1でまぜた甘味噌を隠し味にのせて、くるっと巻いて食べるとおいしいです。

スパイシーグリルチキン

1 Aを全てまぜ、鶏もも肉を1時間〜一晩漬け込む。

2 200℃に温めたオーブンで1の鶏肉を30分焼く。

春餅

1 大きめのボウルに中力粉を入れ、熱湯を1度にまわしかけ、箸ですばやくまぜる。粗熱がとれたら手で生地をひとまとめにしてまな板に移し、全体にハリが出るまで手のひらで5〜10分こねる。

2 固く絞った濡れふきんを生地にかぶせ、30分休ませる。

3 打ち粉をしたまな板に生地をのせ、2等分する。それぞれ直径2〜3cmの棒状にのばし、1本を10等分に切る。

4 切った面が上下になるようにおきかえ、手のひらで生地を軽く押さえる。半分の生地(10枚分)の片面に油(分量外)を塗り(a)、何も塗ってない生地と重ねる(b)。

5 重ねた4の生地がずれないように一度麺棒で押さえ、直径15cm、厚さ3〜4mmの円形にのばす。

6 フライパンを中火で熱し、油をひかずに片面30秒ずつ、軽く焼き目が付くまで両面を焼く。

7 粗熱がとれたら、重なった2枚を1枚ずつはがす(c)。

8 チキン、好みの野菜、味噌などを巻いていただく。

a

b

c

香り野菜のチヂミ

材料(2枚分)

A
- 薄力粉　60g
- 上新粉　30g
- 水　100mℓ

B
- にんにく　1/2片
- キムチ　25g

煎りごま　大さじ1
にら　1/2束
いか　100g
セロリ　1/2本
ごま油　大さじ6
サニーレタス(好みで)　適量
エゴマ(好みで)　適量

C
- 酢　適量
- 醤油　適量

1 ボウルにAを入れ、箸でまぜる。

2 Bを全てみじん切りにし、煎りごまと一緒に1のボウルに加えてまぜる。

3 にら、いか、セロリを3cmの細切りにして、2のボウルに加え、さらに箸でまぜる。

4 1枚につきごま油大さじ2をフライパンにひき、3の生地の半量を入れて薄い円形にのばし、中火で焼く。

5 片面を焼いた後、生地をひっくり返し、フライパンの端からごま油大さじ1を足して、揚げ焼きのようにする。

6 焼きあがったチヂミと、洗って水気を切ったサニーレタスやエゴマなどの野菜を添え、器に盛る。

7 チヂミを6の野菜で巻き、好みの割合にまぜあわせたCの酢醤油をつけていただく。

料理について

韓国では、雨の日の定番料理といわれるチヂミ。買い物に行けないので残り物でつくりやすい、チヂミを焼く音が雨音に似ている…と、その理由には2つの説があるそう。冷蔵庫にあるどんな具材とも相性が良い、簡単・おいしいオモニの味。

おいしさの秘密

サニーレタスなど柔らかい葉ものと、エゴマや香菜などの香りものに、酢醤油をつけたチヂミを巻いて食べる。野菜もたっぷりとれておいしい、おすすめの食べ方です。

ねぎじゃこ餅

材料(2枚分)

薄力粉　100g
長ねぎ　1本
ちりめんじゃこ　18g
ぬるま湯　60㎖
油　大さじ1
ごま油　大さじ1
粗塩　小さじ1/3
熱湯　大さじ2

1 大きめのボウルに薄力粉を入れて、ぬるま湯を少しずつ加えながら粉っぽさがなくなるまで箸でまぜ、手でひとまとめにする。生地をまな板に移し、全体にハリが出るまで手のひらで5〜10分こねる。

2 固く絞った濡れふきんを生地にかぶせ、20分休ませる。

3 打ち粉をしたまな板に生地をのせ、麺棒で25×30cm、厚さ2mmにのばす。油とごま油をまぜ、手で表面に塗る。

4 生地に粗塩をまんべんなくふり、薄く小口切りにした長ねぎとちりめんじゃこをのせ(a)、手前からロール状に巻いていく。生地の四隅に具をのせないようにすると巻きやすい。

5 巻き終わりを指先でつまんでとじ、両端もとじる(b)。

6 ロール状の生地を2等分に切り、切り口をとじる。

7 とじた両端を手のひらで上下におきかえて両手ではさみ、生地を180度ほどひねりながら押し潰す(c)。

8 打ち粉をしたまな板に生地をのせ、麺棒で1cmの厚さになるまでのばす。具が飛び出してもOK。

9 熱したフライパンに油大さじ1(分量外)をひき、**8**の生地を1枚ずつ入れる。熱湯大さじ1を加え、ふたをして中火で蒸し焼きにする。

10 お湯がなくなり焼き目が付くまで中火で3分ほど焼く。生地を裏返して再びふたをし、きつね色の焼き目が付くまで3分ほど焼く。残りの1枚も同様に焼く。

料理について

台湾屋台の定番メニュー、ねぎ餅。小腹が空いた時にパクッとほおばる、人気のおやつです。生地をひねりながら潰して折り重ねることで、パイのようなさくさく食感に。ねぎとじゃこの代わりに、りんごとシナモン、黒砂糖を入れてもおいしいです。

ねぎ焼き

材料

だし汁(2回分)

昆布　10g
かつお節　25g
水　1ℓ

ねぎ焼き(4枚分)

薄力粉　80g
青ねぎ　2束
山いも　40g
卵　2個
天かす　大さじ4
だし汁　380mℓ
塩　ひとつまみ
A
［醤油　30mℓ
［すだち汁　1個分

だし汁

1 1ℓの水を入れた鍋に昆布を一晩浸しておく。

2 **1**の鍋を弱火にかけ、沸騰直前で昆布を取り出す。

3 かつお節を鍋に加え、火を止めて5分ほどおく。

4 静かにざるでこす。

ねぎ焼き

1 青ねぎを小口切りにしておく。

2 自然に冷ましただし汁320mℓをボウルに入れ、しっかり溶いた卵を加える。

3 薄力粉と塩を一緒にふるいながら**2**のボウルに加え、さらに山いもをすりおろしながら加え、箸でよくまぜる。

4 よく熱して油(分量外)をひいたフライパンに、お玉1杯分の生地を入れて円形にのばす。1枚につき天かすを大さじ1とたっぷりの青ねぎをのせる。さらにお玉1杯分の生地を上からまわしかけて中火で焼く。

5 両面が焼けたら、1枚につき大さじ1のだし汁をフライパンに注ぎ、ふたをして、水分がなくなるまで蒸し焼きにする。

6 ふたを開け、**A**をまぜあわせたたれを刷毛で薄く両面に塗り、カリッと焼き上げる。

おいしさの秘密
ねぎ焼きは、じっくり火が通る厚手の鉄製フライパンで焼くのがおすすめ。今回使用したのはLODGE社のアウトドア用のスキレット。

豚のピカタ

材料(2人分)

豚ヒレ肉(ブロック)　200g
卵　2個
ディル　5本
オリーブオイル　大さじ2
クレソン(好みで)　適量
じゃがいも(好みで)　適量

1 豚ヒレ肉を1cmの厚さに切り、塩、こしょう(分量外)をしておく。ディルは1cmほどに刻んでおく。

2 ボウルに卵とディルを入れて箸でかきまぜる。

3 豚ヒレ肉に薄力粉(分量外)を軽くまぶし、**2**の卵液にくぐらせる。

4 フライパンを中火弱にかけ、オリーブオイルをひき、**3**の肉を焼く。ふたをすると肉汁が出てしまうので、ふたをせずに焼くこと。

5 片面にこんがり焼き目が付いたら肉を裏返し、焼き目が付くまでもう片面も焼く。

6 器に盛り、好みでクレソンや蒸したじゃがいもを添える。

料理について

ピカタはイタリアの定番料理のひとつ。小麦粉と卵の衣を付けて焼くことで素材が持つ水分を保ち、ふんわりジューシーに仕上がります。フリットのようなさっくり食感なら強力粉を、素材同士を付けたい時は薄力粉をと、素材にあわせて衣を使い分けましょう。

ハーブの魅力

卵にハーブを加えると味にぐんとアクセントが加わります。肉ならディル以外にタイムやセージ、魚介なら大葉やコリアンダー。ポイントは、ふたをしてしっかり肉汁を閉じ込めて焼くこと。

ルッコラのトルティーヤ

材料(8枚分)

A
- 強力粉　100g
- 薄力粉　100g
- 塩　小さじ1/4
- ベーキングパウダー　小さじ1/2

B
- オリーブオイル　大さじ1
- 水　110mℓ

ルッコラ　8束
ロースハム　8枚
マヨネーズ　大さじ4
粒マスタード　大さじ1〜2

1 大きめのボウルに**A**を全て入れ、フォークでまぜあわせる。

2 まぜあわせた**B**を**1**のボウルに加え、粉っぽさがなくなるまでフォークでまぜ、手でひとまとめにする。

3 生地をまな板に移し、全体にハリが出るまで手のひらで5分ほどこねる。

4 固く絞った濡れふきんを生地にかぶせ、生地を20分ほど休ませる。

5 打ち粉をしたまな板に生地をのせ、8等分に切り、それぞれ丸めて麺棒で厚さ1〜2㎜ほどの円形にのばす。

6 中火で熱したフライパンに生地を入れて約2分、裏返して1分ほど焼く。

7 乾燥しないよう、**6**の生地をビニール袋などに入れて蒸らす(長めに蒸らすと生地が柔らかくなり巻きやすい)。

8 生地が冷めたら、粒マスタードとマヨネーズを薄く塗り、ルッコラとロースハムをのせて巻く。

おすすめの食べ方

このトルティーヤ生地は、スパイシーな豆の煮込みやカレーの付けあわせにもぴったり。ちぎって、スープに浸して食べましょう。ルッコラやハムのほか、手巻き寿司感覚でチーズやクレソン、ソーセージなど、たくさん具材を準備していただくのも楽しいですよ。

ポテトのパンケーキ

「パンケーキ」と聞くと喫茶店で出てくるような
2枚重ねでバターとシロップがじゅわっとしみこんだ
永遠のアイドル、ふかふかホットケーキのことを迷わず思い浮かべる。
しかし海を渡れば、国の数ほどいろんなパンケーキがあるらしい。

通称“パンケーキ・デイ”と呼ばれる日があるほど
パンケーキと馴染みが深いイギリスでは
クレープ状の薄い生地に砂糖とレモンをかけるのが一般的。
2枚重ねではなく、折りたたんだり、くるっと巻いていただく。

アメリカやオーストラリアあたりでは
ベーキングソーダを入れてふっくら焼いたパンケーキに
果物やベーコン、ピーナッツバター、メープルシロップなど
好みのものを組みあわせて食べるのが定番の朝食スタイル。

スウェーデンやフィンランドでは
薄いクレープ状に焼いた生地に好みのものをのせて
朝、昼、夜問わずにパンケーキを食べる。

ロシアではイーストで発酵させ、もちっとしたパンケーキ。
ドイツでは、じゃがいもをケーキに練り込んで焼く。
なんだかビールとソーセージにあいそうだ。

そうだ、外国へ行った気分でごはんになるパンケーキをつくってみよう。
じゃがいもを練り込み、もっちりとした生地に
ベーコンの塩気とメープルシロップの甘み。
さらにリコッタチーズのコクが、外国の空気を運んできてくれる。

ポテトのパンケーキ

材料（6枚分）

じゃがいも　300g
玉ねぎ　50g
卵　1個
薄力粉　65g
塩　1g
ベーコン　6枚
リコッタチーズ　適量 *
メープルシロップ　適量

* サワークリームやヨーグルト、クリームチーズでも代用可。

おすすめの小麦粉

〈こな屋さんの南部地粉〉

ほんのり甘みのある風味豊かな岩手県産小麦を使用。パンケーキやうどんなど、生地自体を味わう料理に。販売はhttp://www.rnac.ne.jp/~fugane/（府金製粉）

1 大きめのボウルに玉ねぎをすりおろしておく。

2 卵を1のボウルに加え、箸でまぜあわせる。

3 さらに皮をむいたじゃがいもをすりおろしてボウルに加え、よくまぜあわせる(a)。

4 3に塩と薄力粉をふるいながら加え、箸でかきまぜる。

5 フライパンを弱火にかけて、バター(分量外)を溶かす。4の生地をお玉1杯分ほど入れ、直径15cmの円形にのばす。

6 生地の両面をこんがり焼き、フライパンから取り出して器に盛る。残りの生地も同様に焼く。

7 リコッタチーズとフライパンでカリッと焼いたベーコンをパンケーキに添え、好みでメープルシロップをかける。

a じゃがいもは切り口が空気に触れると変色するので、先に玉ねぎをすりおろし、卵とあわせた後に入れると変色が防げます。こまめにまぜるのがポイント。

シードルのクレープ

材料(12枚分)

A
- 薄力粉　160g
- 砂糖　大さじ1-1/2
- 塩　ひとつまみ

牛乳　300㎖
卵　2個
シードル　100㎖
バター　30g
B*
- リコッタチーズ　適量
- レモン　適量
- タイム　適量
- 粗塩　適量
- ハチミツ　適量

* 素材が揃わない場合はバターと砂糖をふっていただくのもおすすめ。

1 バターを湯煎にかけて溶かし、卵は溶いておく。

2 Aをボウルにふるい入れ、牛乳を少しずつ加えながら、泡立て器でまぜる。

3 1のバターと溶き卵、シードルを2のボウルに加え、泡立て器でよくまぜる。バターは人肌ほどの温度にしておくと分離しにくい。

4 生地を1時間〜一晩冷蔵庫で休ませる。

5 フライパンをよく熱し、油(分量外)を薄くひいた後、一度火から下ろして濡れふきんの上にのせて少し冷ます。再びフライパンを弱〜中火にかけ、お玉1杯分ほどの生地をまわしながら入れて、薄く円形にのばす。

6 生地の表面に気泡ができてきたら裏返し、両面を焼く。生地を裏返すときに、細めの箸を1本添えるときれいに返すことができる。

7 焼き上がったら器に盛り、好みでBを添える。

料理について

ガレットにはシードルをあわせて…というフランス・ブルターニュ地方の伝統をヒントに考案したクレープです。りんごの香りがふわっと広がる生地を楽しんで下さい。

ORNITHOGALUM

小麦粉 / 茹でる

つややかなうどん

食べ物を、足で踏む……。
何も知らずにそう聞くと、きっと悲しい気持ちになるだろう。
でも、踏む工程で小麦粉がおいしく変化すると知れば
その作業は楽しいものに変わる。
そういえば！ ワインも足で踏んでつくっている。

ひと踏みひと踏みが、のどを潤すつややかなうどんへとつながる。
足で繰り返し踏むことで粉っぽさはどこかへ消え、
代わりに弾力が生まれ、すべすべ素肌に仕上がっていく。
手でこねるだけでは、こんな弾力はきっと生まれない。

打ちたて・茹でたてのうどんは
ほれぼれするほど潔く、心が凛とする味がする。
まず、何もつけずに小麦粉の風味とのどごしを楽しむのが良い。

つるっと何もひっかからず、粉の風味だけ残して
のどの奥へと吸い込まれていく。
粉と、時間と、少しの手間に任せれば必ずおいしくなるのが
このうどんのいいところ。

でも、ちょっとした心配りは必要だ。
茹でる時にうどんをかきまぜ過ぎると
せっかくのつややかなうどんが、つややかではなくなってしまう。
力強く踏んでも、時には優しく、である。

つややかなうどん

材料(4人分) *

中力粉　400g
A
水　173g
塩　19g

* 1人前の目安は中力粉100g、塩水は小麦粉の48%、塩は塩水の10%

おすすめの小麦粉

〈讃岐すずらん(中力粉)〉

讃岐手打ちうどん用のこの粉は、のどをつるんと通る際の麦の香りが格段に違います。香川の製麺所でも愛用している店が多いそう。販売はhttp://www.flour.co.jp(木下製粉)

1 Aをまぜ合わせ、塩水をつくる。

2 大きめのボウルに中力粉を入れ、1の塩水を少しずつ加えながら、手か箸でまぜる(a)。粉っぽさがなくなったら、生地を1つにまとめる。

3 大きなビニール袋(b)の内側に打ち粉をして、生地を中に入れ、真ん中から外側へのばすように、袋の上から足で踏む。

4 生地を1cmの厚さまでのばしたら、一度取り出して3つ折りにする。

5 再び袋に打ち粉をし、生地を中に戻し、さらに1cmの厚さになるまで踏む。この作業をあと2回繰り返した後、生地を3つ折りにし、袋の中に入れたまま1時間休ませる。

b 50cm四方以上が望ましい。未使用のポリ袋でもOK。

6 袋の中の生地を再び踏んで1cmの厚さまでのばし、打ち粉をしたまな板の上に移す。

7 生地を3mmの厚さまで麺棒でのばす。

8 生地の表面に打ち粉を軽くふり、3つ折りにして3mm幅に切る(c)。折り目をのばし、麺同士がくっつかないように打ち粉を軽くふる。

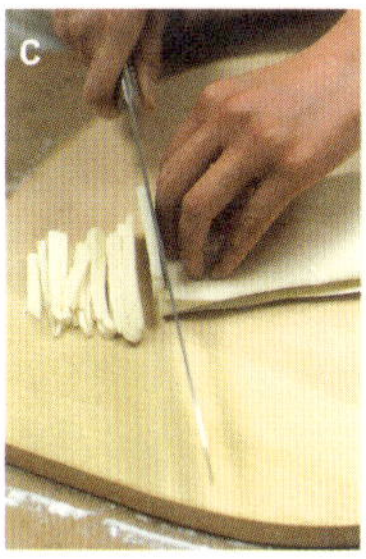

9 水4ℓ(分量外)を鍋で沸かし、切った麺を15分ほど茹でる(d)。

d 粉100gに対して水1ℓが目安。

10 麺をざるにあげ、流水でさっと洗い、氷水でしめる(e)。

牡蠣のほうとう

材料

ほうとう(2人分)

中力粉　100g
塩　2g
水　50mℓ

牡蠣のほうとう(2人分)

牡蠣(加熱用)　12粒
酒　大さじ2
だし汁　5カップ
かぼちゃ　120g
きのこ　1パック *
長ねぎ　1本
味噌　大さじ1-1/2
白味噌　小さじ2 **
すだち(好みで)　1個
煎りごま(好みで)　適量
ほうとう　2人分

* 今回はなめこを使用。
とろりと絡むおいしいスープになります。
** 白味噌がない場合は味噌大さじ2で
味付ける。

料理について

小麦粉を練った平打ち麺を、たっぷりの野菜と共に味噌仕立ての汁で煮込む山梨の郷土料理、ほうとう。ビタミンや繊維質が豊富で、寒い冬に体が芯から温まる一品です。

ほうとう

1 ボウルに中力粉と塩を入れて箸で軽くまぜた後、水を少しずつ加えながら粉っぽさがなくなるまでまぜ、手でひとまとめにする。

2 生地をまな板に移し、全体にハリが出るまで手のひらで10分ほどこね、ひとまとめにする。生地に固く絞った濡れふきんをかぶせ、1時間休ませる。

3 打ち粉をしたまな板に生地をのせ、麺棒で2〜3mmの厚さにのばす。

4 生地の表面に打ち粉をし、3つ折りにして1cm幅に切る。

牡蠣のほうとう

1 牡蠣を塩水(分量外)でふり洗いする。しっかり汚れを取り除きたい場合は、大根おろしでもみ洗いを。

2 かぼちゃを5mm幅に、きのこは好みの大きさに切る。長ねぎは縦5cmに切り、白髪ねぎ用に少しとっておく。

3 牡蠣と酒を鍋に入れ、弱火にかける。身がぷっくりしてきたら、鍋から牡蠣を取り出す。

4 3の鍋にだし汁を入れて火にかけ、温まってきたらかぼちゃときのこ、長ねぎとほうとうを加えて中火で煮込む。

5 5分経ったら味噌と白味噌を加え、さらに弱火で10分煮込む。先に取り出した牡蠣を鍋に入れ、温まったら火を止め、器に盛る。

6 好みですだちのスライスと白髪ねぎを添え、煎りごまをふり、仕上げる。

もちもち水餃子

子供の頃、家で食べる餃子と言えば焼き餃子だった。

たまに、その焼き餃子が鍋の具になっていた。
あの薄くてカリッとした焼き餃子の皮は跡形もなく
歯ごたえも何もないぺろーんとした皮は破れ、
中の具は鍋に出てしまっている。
そんな「水餃子のようなもの」しか食べた記憶がなかった。

大人になって、初めて皮も具も手作りの水餃子を食べた時
なんておいしいんだろうと驚いた。
皮がもちもちしていて、噛むと中の具がじゅわーと出てきて…

一度この味を知ると
水餃子の皮は絶対、手作りでなければと思う。
手間はかかるが、他にはない歯ごたえが味わえる。

暑い日は、焼き餃子とビールが一番だが
少し肌寒くなってくると
湯気に包まれた、もっちり肌の
ころんとした水餃子が恋しくなる。

目の前に運ばれてくると気持ちも温かくなって、
じんわりおなかを満たしてくれる。

もちもち水餃子

材料

水餃子の具(25～30個分)

豚ミンチ　200g
にら　1束
えび　100g
しめじ　1パック
塩　小さじ1/2
しょうが　1片
A
酒　大さじ1
醤油　大さじ1
オイスターソース　小さじ1
水　大さじ4
ごま油　大さじ1

水餃子の皮(25～30個分)

強力粉　200g
水　110g

水餃子のたれのレシピ

砂糖小さじ1、ねぎみじん切り大さじ2、しょうがみじん切り大さじ1、ぽん酢大さじ3、ラー油小さじ2をまぜる。

水餃子の具

1 えびは殻をむき、背わたを取って塩(分量外)でもみ、流水で洗い流した後に(**a**)、包丁で粗めに叩いておく。にらとしめじはみじん切りに。

2 ボウルに豚ミンチと塩を入れ、全体が白っぽくなるまで手でこねる。

3 しょうがをすりおろし、**1**のえびと一緒に**2**のボウルに加えてよくまぜ、**A**を表記の上から順番に入れ、その都度手でまぜる。

4 さらに、にらとしめじをボウルに加えてまぜ、30分ほど冷蔵庫でなじませる。

a えびの生臭さをとるためのひと手間です。

水餃子の皮

1 ボウルに強力粉を入れ、水を少しずつ加えながら箸でまぜ、手でひとまとめにする。生地をまな板に移し、手のひらで10分こねる。

2 固く絞った濡れふきんをかぶせ、30分ほど生地を休ませる。

3 まな板に打ち粉をし、生地をのせる。手のひらで生地を直径2cmの棒状にのばし、1.5cm幅に切り分ける。

4 切った面が上下になるように置きかえ、上から手のひらで軽く押し潰してから、麺棒で生地を薄く円形にのばす(**b**)。

5 生地の真ん中に具を入れ、包む(**c**)。

6 たっぷりの水(分量外)を沸騰させ、水餃子を5分ほど茹でる。

7 網じゃくしで水餃子を取り出し、器に盛る。好みでたれを添える。

周囲を薄く、真ん中は厚くなるように伸ばすと具を包む時に破れない。

まず生地の中央をあわせる。

端からたぐり寄せるようにつまむ。

六《ろっ》宝《ぽう》猫《ねこ》耳《みみ》麺《めん》

材料

猫耳麺(2人分)

中力粉　100g
塩　1g
水　45mℓ

六宝猫耳麺(2人分)

えび　80g
いか　40g
にんにく　1/2片
しょうが　1/2片
片栗粉　小さじ1
鶏スープ　250mℓ
酒　大さじ2

A
- 長ねぎ　15cm
- しいたけ　2枚
- 黄色パプリカ　1/2個
- セロリ　1/2本

B
- 酒　大さじ1
- 塩　ひとつまみ
- 片栗粉　大さじ1

C
- 塩　小さじ1/4
- 醤油　小さじ1/2

猫耳麺　2人分

料理について

中国・山西省で生まれた猫耳麺は、どんな野菜とも相性良し。麺そのものを味わうため、具材は麺より大きくカットしないのがポイント。オイスターソースで仕上げても。

猫耳麺

1 ボウルに中力粉と塩を入れて箸で軽くまぜ、水を少しずつ加えながら粉っぽさがなくなるまでまぜ、手でひとまとめにする。

2 生地をまな板へ移し、手のひらで5分こねてひとまとめにし、固く絞った濡れふきんをかぶせ、30分休ませる。

3 まな板に打ち粉をして生地をのせ、10分ほど手のひらでこねた後、麺棒で約5mmの厚さにのばす。

4 5mm四方に切り、親指の腹で押し手前に強く引く。

5 たっぷりの湯(分量外)を沸かし、生地を3〜4分茹でる。

六宝猫耳麺

1 えびは殻をむき、背わたを取って塩(分量外)でもみ、流水で洗い流す。

2 えびといか、**A**を全て1cm角に切る。えびといかは**B**で下味を付けておき、にんにくとしょうがはみじん切りに。

3 鍋で湯(分量外)を沸かし、えびといかをさっと茹でて、ざるにあげる。

4 別の鍋に油大さじ1(分量外)をひき、にんにくとしょうがを入れて中火にかけ、香りが出てきたら**A**の野菜を加えて炒める。

5 **4**の鍋に酒と鶏スープを加え、10分ほど中火弱で煮る。

6 **C**を鍋に加え、味を調える。

7 **3**と茹でた猫耳麺を**6**の鍋に加え、水小さじ1(分量外)で溶いた片栗粉を入れ、とろみがついたら火を止める。

トマトのオレキエッテ

オレキエッテはイタリアの南にあるプーリア地方の伝統パスタ。
じーっと見ていると、名前の通りオレッキ（orecchi＝耳）に見えてくる。

どこまでも続く麦畑、オリーブやレモンの木が繁るプーリアを
一度だけ訪れたことがある。
けしの花が咲き乱れている季節で
とてもゆったりとした雰囲気の土地だった。

けして裕福な地方ではないけれど
山も海もあり、自然に寄り添った食材をシンプルに食べさせてくれる。
それこそが、お金では買えない豊かさだと思う。

オレキエッテは、ソースがパスタの穴に入り込みやすいように
１本の指を添えて大きなくぼみをつくる。
旬の食材とパスタがいかに絡みあい、おいしくなるかを考えた結果、
耳のような形になったのだ。

村の生パスタ屋に並んでいると
前のおじさんが形違いのショートパスタを２種類まぜて注文している。
同じ皿の中で二つの食感の違いを楽しむためだそうだ。

なるほど、と思い日本に帰ってすぐに真似をしてみると
確かに食感も見た目もいつものパスタとは違う。
食べていると、イタリアの風景がよみがえってきた。

小麦粉と水だけの食べ物なのに、あの村の人たちは
驚くほどいろいろな楽しみ方を知っている。

トマトのオレキエッテ

材料

トマトソース(10人分)

完熟トマト　約10個 *
玉ねぎ　1個
にんにく　2片
オリーブオイル　50mℓ
バジル(好みで)　5〜6枚

* 完熟トマトがない場合はトマト4個とホールトマト2缶を使う。

トマトのオレキエッテ(4人分)

強力粉　200g
塩　1g
A
水　90〜100mℓ
オリーブオイル　大さじ1
トマトソース　2カップ

トマトソースの保存と活用

煮沸処理をした瓶にトマトソースを入れて瓶ごと煮立て、空気を抜いておくと長期間保存できます。密閉袋で冷凍保存でもOK。ピラフやパエリアに使ったり、焼いたお肉や魚のソースにしてもおいしいです。

トマトソース

1 鍋にオリーブオイルを入れ、芯を取って潰したにんにく、くし型6等分にカットした玉ねぎを加え、玉ねぎがきつね色になるまで弱火で炒める。

2 種を取りざく切りにしたトマトを1に加え、オイルとなじむようにまぜる。塩をふたつまみ(分量外)入れてふたをし、中火弱で10〜15分煮込む(**a**)。

a ミニトマトを入れると濃厚な仕上がりに。

3 ふたを開け、アクをとる。時々まぜ、水を足しながら、トマトが煮くずれて甘みが出てくるまでさらに40〜50分弱火で煮込む。

4 仕上げに好みでバジルを加え、塩味を調えてからざるなどでこす。

トマトのオレキエッテ

1 ボウルに強力粉と塩を入れてフォークでまぜ、真ん中をくぼませる。まぜあわせた**A**をくぼみに少しずつ注ぎ、フォークで粉を少しずつ崩しながら粉っぽさがなくなるまでまぜ、手でひとまとめにする。

b

2 生地をまな板に移し、手のひらで5分ほどよくこね、ひとまとめにする。

3 固く絞った濡れふきんを生地にかぶせ、30分ほど休ませる。

c

4 まな板に打ち粉をして生地をのせ、4等分にする。それぞれ直径1.5cmの棒状にのばし、1cm幅に切る(**b**)。

5 まな板に打ち粉をし、切った面が上下になるようおきかえ、上から軽く手のひらで押し潰す。先が丸い形のナイフの腹で生地の奥を押さえ、そのまま手前に強く引く(**c**)。

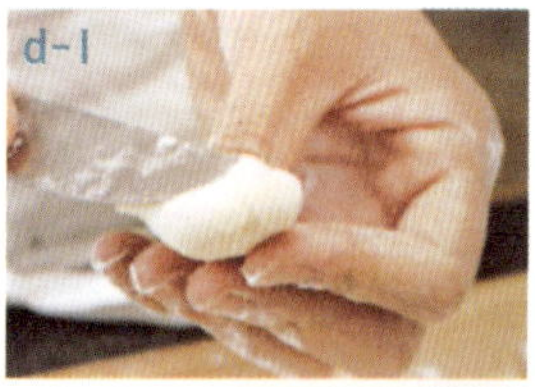
d-1

6 ナイフごと生地を持ち上げ、ナイフの裏側から親指を添え、先に付いた生地を外すように、人さし指と中指ではがし取り、裏返す(**d**)。

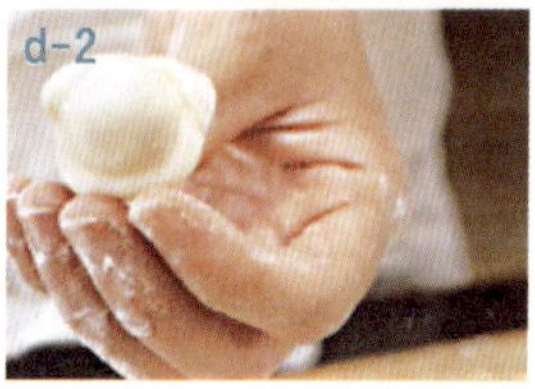
d-2

7 バットに打ち粉をし、それぞれ重ならないように生地を並べる。

8 鍋にたっぷりの熱湯(分量外)を沸かし、水に対して1%の塩(分量外)を加え、生地を7分ほど茹でた後、フライパンで温めたトマトソースと軽く絡める。

9 器に盛り、食べる前にオリーブオイル(分量外)を軽くかける。

きのこのニョッキ

もちもち、そしてしっとり…
じゃがいもと小麦粉でつくられたパスタ、ニョッキ。

一見するとじゃがいもの存在に気がつかないけれど
ひと口ほおばれば、小麦粉におとらず
甘い大地の味を閉じ込めたじゃがいもが待っている。

北イタリアの家庭料理、ニョッキの歴史は
古代ローマ時代までさかのぼる。
かつてこの地方では
木曜日に滋養のあるものを食べる習慣があり
〈木曜のニョッキ〉という言葉が
今でも残っているそうだ。

じゃがいもが練り込まれた栄養価の高いパスタ。
私は味も食感も、その存在自体も気に入っている。

生活のため必然的に生まれた
この料理をつくった昔のイタリアの人々に感謝だ。

きのこのニョッキ

材料(4人分)

乾燥ポルチーニ茸　5g
水　120mℓ
じゃがいも　300g
強力粉　80g
塩　小さじ1/4
にんにく　1片
バター　80g
きのこ　100g*
醤油　小さじ1
パルミジャーノ　適量
こしょう　適量

*きのこは好みのものを。今回はしめじとしいたけを使用。

ソースについて

今回のソースは、バターで味が決まるんです。私の愛用は佐渡乳業の「佐渡バター」。コクがあって、ニョッキにぴったりです。

おすすめの小麦粉

〈桜井食品の小麦粉〉
オーガニック食品メーカーとして認定を受けているこちらの小麦粉は、北海道産契約栽培小麦100%で、甘い香りが印象的。ニョッキはもちろん、パンや餃子、ピッツァにおすすめの小麦粉です。HPから購入可。http://www.sakuraifoods.com/(桜井食品)

1 乾燥ポルチーニ茸を120㎖の水で一晩浸しておく(**a**)。戻し汁は後で使うので残しておく。じゃがいもは皮ごと柔らかくなるまで30分ほど水から茹でる(**b**)。

2 熱いうちにじゃがいもの皮をむいて裏ごしし、ボウルに入れる。ふるった強力粉と塩を同じボウルに加え、粉っぽさがなくなるまで手でまぜあわせ、ひとまとめにする。

3 まな板に打ち粉をして生地をのせ、直径1.5㎝ほどの棒状にのばし、1㎝幅に切る。

4 **1**のポルチーニ茸を取り出して絞り、みじん切りにする。きのこは好みの大きさにスライスし(**c**)、にんにくは芯を取りみじん切りに。

5 フライパンにバターとにんにくを入れて弱火にかける。にんにくの香りが出てきたら、ポルチーニ茸ときのこを入れ、中火に。塩をひとつまみ(分量外)ふり軽く炒め、ふたをして1分ほど蒸し焼きにする。

6 フライパンにポルチーニ茸の戻し汁と醤油をそれぞれ加えてよくまぜ、火を止める。

7 軽めに塩をした熱湯(分量外)でニョッキを1分ほど茹でる(**d**)。火が通ったら湯を切り、**6**のフライパンに入れてソースを絡める。

8 器に盛り、たっぷりのパルミジャーノとこしょうをふる。

a 時間がない場合は乾燥ポルチーニ茸をぬるま湯に15分浸し、みじん切りにする。

b じゃがいもは茹でる代わりに柔らかくなるまで蒸してもOK。

c しいたけなら半分に切り5㎜の厚さにスライス。まいたけやしめじは2〜3㎝の大きさに切る。

d 湯面に浮いてきたら、ニョッキに火が通った証拠。

えんどう豆のマルタリアーティ

向こう側が透けて見えるぐらいに薄くのばした生地を
ただ適当に切っただけのマルタリアーティは
北イタリアでよくつくられているパスタ。
イタリア語で、マル＝乱雑、タリアーティ＝切ったという意味で
その名の通りの形である。

日々パスタを手作りしないお国柄、でも、適当に…と言われると
少しホッとして、つくってみようかな、という気分になる。
とはいえ「適当に、乱雑に切っただけ」
だからこその味わいが、きっとあるに違いない。

手打ちうどんの端っこの細い麺や
ぶきっちょな人が切っただろう、細かったり太かったりする麺。
つくり手側は意図していないかもしれないけれど
そんな麺とめぐりあうと、なんだかうれしくなってしまう。

不揃いな麺を食べる時、わたしは食感の違いを楽しみながら食べる。
食感の違いから、独特の味わいが生まれるから。

もしかしたら、イタリア人はそんなことまでを見越して
麺を切っているのかもしれない。
ソースの絡み具合や食感を計算して…。
ただ適当に、というわけではないのかも。

そんなマルタリアーティは
ペースト状やスープ状のソースと相性が良さそう。
勝手にそんな想像をして楽しんでいる。

えんどう豆のマルタリアーティ

材料

マルタリアーティ（2人分）

強力粉　100g
水　60mℓ

えんどう豆のソース（2人分）

えんどう豆（正味）　100g *
パンチェッタ　30g **
水　200mℓ
オリーブオイル　大さじ1-1/2

* グリンピースでも代用可。
** ソーセージやベーコンでも代用可。

料理について

マルタリアーティはパスタ同士がくっつかないくらいまでざるなどで乾燥させると、冷蔵庫で10日間は日持ちします。ラグーやピュ

レ状にした野菜など、しっかり麺に絡むソースと相性抜群のパスタです。

マルタリアーティ

1 ボウルに強力粉を入れ、真ん中にくぼみをつくる。くぼみに少しずつ水を加えながら粉っぽさがなくなるまでフォークでまぜ、手でひとまとめにする。

2 生地をまな板に移し、手のひらで5〜10分、弾力がつくまでこねる。

3 固く絞った濡れふきんをかぶせ、生地を20分ほど休ませる。

4 打ち粉をしたまな板に生地をのせ、麺棒で1mmの薄さにのばす(a)。

5 包丁やピザカッターで適当な大きさに切る(b)。

6 たっぷりのお湯(分量外)に1%の塩(分量外)を加えて、1〜2分茹でる。

えんどう豆のマルタリアーティ

1 小さめの鍋で水200mℓを沸かし、えんどう豆を加えてふたをして、柔らかくなるまで茹でる。

2 茹でた豆と茹で汁100mℓと塩ひとつまみ(分量外)をミキサーにかけ、ペースト状にする。

3 フライパンにオリーブオイルを入れ、中火にかけて細切りにしたパンチェッタを炒める。

4 フライパンに2のペーストを加え、ソースが温まったら、茹でたマルタリアーティを加えて絡める。

1mmの薄さまでのばす。

手が透けるくらいに。

斜線を引くように切る。

鶏とゴーヤのサラダ

材料(4人分)

茹で鶏

鶏むね肉　1枚

A

- 薄力粉　30g
- 塩　小さじ1-1/2
- 酒　大さじ3

B

- レモン汁　大さじ1
- 水　1ℓ
- 香味野菜　適量 *

* ねぎや玉ねぎ、ローリエなど、
家にある香味野菜で。

鶏とゴーヤのサラダ

アボカド　1個
ゴーヤ　1/2本
にんにく　1片
松の実(好みで)　適量
ディル(好みで)　適量

C

- オリーブオイル　大さじ2
- ワインビネガー　小さじ1
- レモン汁　小さじ1

茹で鶏　1/2枚

おいしい保存法

茹で鶏を保存する時は、ビニール袋に油大さじ1(サラダならばオリーブオイル、ねぎソース和えなど中華風にするならごま油)を一緒に入れて空気を抜き、冷蔵保存。2〜3日はおいしくいただけます。

茹で鶏

1 鶏むね肉を室温に戻し、酒大さじ1(分量外)をかけ、15分ほどおく。

2 それぞれまぜあわせておいた**A**と**B**を、直径20cmほどの鍋に入れて、火にかける。沸騰したら**1**の肉の水分をふいて鍋に入れ、中火弱で2分茹でてアクを取る。

3 ふたをして火を止め、そのまま30分おく。

4 鍋から鶏肉を引き上げて、ぬるま湯(分量外)で小麦粉をさっと洗い流し、水分をふく。

ゴーヤのサラダ

1 ゴーヤを縦半分に切って種を取り除き、5mmの半月切りにし、3%の塩水(分量外。氷水を使うとよい)に30分漬けておく。

2 芯を取ったにんにくをすりおろし、**C**とあわせてドレッシングをつくっておく。

3 ゴーヤをざるに上げ水気を切り、キッチンペーパーでふく。アボカドを2cm角に切り、手でほぐした茹で鶏とゴーヤを一緒に**2**のドレッシングで和え、塩で味を調える。

4 好みで松の実とディルを加えまぜる。

小麦粉 / 煮込む

豆のダンプリングスープ

「ダンプリング」と聞いても
なかなかピンとはこないだろう。
しかしダンプリングは、実は世界中で愛されている料理。
簡単にいえば、お団子だ。

ドイツなどで主食として食べられているダンプリングは
日本のすいとんにじゃがいもが練り込まれたようなもの。
それなら、イタリアのニョッキもそうである。

ニョッキは小さくつくって茹でてからソースに絡めていただくが
ダンプリングは大きめのボール状にして、スープと一緒に煮る。
だからニョッキとは違って、スープを少し吸い込んだお団子となる。

じゃがいもでもなく小麦でもない
素朴なお団子を潰しながらスープと一緒に食べる。
食べたことがないはずなのに
どこか懐かしい気持ちにさせられる。

どこの国でも家庭の味は優しいんだろう。

豆のダンプリングスープ

材料(4人分)

強力粉　50g
じゃがいも　300g
押し麦　大さじ1-1/2
塩　2g
あさり　150g
塩豚　150g *
えんどう豆　150g **
玉ねぎ　1/2個
にんにく　1片
オリーブオイル　大さじ1
水　500mℓ

* ベーコンでも代用可。
** グリンピースでも代用可。

塩豚のレシピ

豚の肩ロースをブロックで買い、いつも塩豚をつくります。そのまま焼いたり、野菜と一緒に蒸したり、冷蔵庫にあると何かと便利。

〈作り方〉

豚肉の3%の量の粗塩を豚肉にすりこみ、常温で1時間おく。出てきた水分をキッチンペーパーでふき取ってラップで包み、密閉容器に入れて保存。1日1回余分な水気をふくと、4日間ほど日持ちします。

1　あさりを海水程度の塩水（分量外、2％ほどの濃度）に浸し、砂抜きしておく。芯を取ったにんにくと玉ねぎはみじん切りに。

2　じゃがいもを皮ごと、柔らかくなるまで水から茹でる。押し麦は、たっぷりのお湯（分量外）で15分茹で、ざるにあげておく。

3　じゃがいもの皮をむき（a）、ボウルに入れ、フォークで潰す。ある程度つぶつぶ感がなくなったら、2の押し麦とふるった強力粉、塩を加えて手で練り、ゴルフボールほどの大きさに丸め、ダンプリングをつくる。

a　じゃがいもが熱いうちに皮をむくとよい。

4　鍋にオリーブオイルをひき、にんにくを炒める。香りが出てきたら玉ねぎと塩ひとつまみ（分量外）を加え、ふたをして玉ねぎが透き通るまで弱火で蒸し焼きにし（b）、一度皿に取り出す。

b　蒸し焼きにすることでぐんと甘みが増します。

5　塩豚をひと口大に切り、同じ鍋で表面を焼く。焼き目が付いたら4を鍋に戻し入れ、水を加えて強火で煮る。沸騰したらアクを取り、弱火におとす。

6　えんどう豆と3のダンプリングを鍋に入れ、15〜20分煮る。

7　1のあさりをこすり洗いして、鍋に加える。あさりの口が開いたら塩（分量外）で味を調え、火を止める。

とろとろチキンカレー

スパイスの力なのか
たまに、どうしてもカレーを食べたくなる時がある。

子供の頃は母がつくる
カレールーを入れて煮込んだカレーだけが
カレーなのだと思っていた。

大人になって
インドカレー、欧風カレー、タイカレーなど
いろんなタイプのカレーを知ってしまった私は
母のカレーでは少し物足りないと
感じてしまう時がある。

でも、昔の想い出と母の味を感じたくなった時には
少し小麦粉を入れてとろみをつけながらも
スパイスをきりっと効かせたカレーをつくってみる。

この料理のポイントは
母が泣きながら大量の玉ねぎを切ってくれていたのを
思い出しつつ、玉ねぎをじっくり炒めることかな。

味は、想い出と記憶の中から生まれる。

とろとろチキンカレー

材料(4〜5人分)

鶏の手羽元　800g
玉ねぎ　2個
トマト　4個
薄力粉　大さじ3
カレー粉　大さじ5
ブイヨン　600mℓ
ハチミツ　大さじ1
にんにく　3片
しょうが　1片
唐辛子　1本
油　大さじ5

A

- カレー粉　大さじ1
- 無糖ヨーグルト　大さじ5
- 油　大さじ1
- 塩　小さじ1

B

- カルダモン　10粒
- クミンシード　小さじ2
- シナモンスティック　1本

おいしさのポイント

薄力粉とスパイスは最初に炒めておくと粉っぽさがなくなりますが、こげやすいので注意。煮込む時に表面に浮いてくるアクには旨みが多く含まれているので取りすぎないように。

1 Aをビニール袋に入れまぜあわせ、鶏の手羽元を入れてマリネし、1時間〜一晩、冷蔵庫におく。

2 玉ねぎを薄くスライスし、トマトは皮を湯むきして種を取り、ざく切りに。芯を取ったにんにくとしょうがはすりおろしておく。

3 油大さじ5とBを鍋に入れ、中火弱にかけて炒める。クミンシードが色付いてきたら、種を取った唐辛子を加え(a)、さらに玉ねぎを加えて炒める。

4 玉ねぎがしんなりと色付いてきたら(b)、にんにくとしょうがを鍋に加え、炒める。

5 薄力粉とカレー粉を鍋に加え(c)軽く炒めた後、トマトと塩(分量外)をひとつまみ入れ、弱火に落としてふたをし、15分蒸し煮する。

6 1の手羽元のマリネを取り出して鍋に入れ、ふたを開けたまま、時々かきまぜながらさらに10分煮る。別の鍋でブイヨンを温めておく。

7 温めたブイヨンを少しずつ6の鍋に加え(d)、ハチミツを加えてさらに1時間煮込み、塩(分量外)で味を調える。

8 器にごはん(分量外)と7のカレーを盛る。

スパイスは油で炒めると香りがぐんと増すが、しっかり炒めないと香辛料の苦みばかりが出るので注意。

d ブイヨンは、冷たいまま鍋に入れるとダマになりやすいので、一度温めてから使うこと。

ベシャメルソースのクロック・マダム

寒い季節には
ホワイトシチューのような
白くて温かい料理が似合う。
でも、ややこってりしている印象があったせいか
食べるのは少し苦手だった。

自分の手でソースをつくるようになって初めて
ベシャメルソースは、本当はシンプルに味わえるものだとわかる。

ベシャメルソースを固めにつくれば
そのまま具を足してクリームコロッケに。
少しの牛乳やブイヨンでベシャメルソースをのばすと
付けあわせのソースやグラタンに。
もっとソースをのばせば、ホワイトシチューに…。

コクを足したり、具材をつなげたり
活用の幅はとても広い。

何色にでも染められる白いソースに
おもわず拍手してしまう。

ベシャメルソースのクロック・マダム

材料

ベシャメルソース(10枚分)

薄力粉　25g
牛乳　400mℓ
バター　20g
ローリエ　1枚
塩　小さじ1/4

クロック・マダム(1枚分)

食パン(5〜6枚切り)　1枚 *
ロースハム　1枚
卵　1個
バター　大さじ1/2
ナツメグ(好みで)　適量
チーズ　ひとつかみ **
こしょう(好みで)　適量
ベシャメルソース　大さじ3

* 食パンのレシピは→P14
** エメンタールチーズ、グリュイエールチーズがソースと相性良し。

ソースについて

牛乳とバター、小麦粉でつくるベシャメルソースは、フランス料理の基本ソースのひとつ。チーズを加えると、グラタンや魚料理に使うモルネーソースに、マスタードを加えてマスタードソース、小えびを加えてナンテュアソース…。多くの伝統的なソースは、このベシャメルソースから生まれるのです。

ベシャメルソース

1 鍋に牛乳とローリエ、塩を入れ、沸騰寸前まで温めておく(a)。

2 別の鍋を弱火にかけてバターを溶かし、薄力粉を加えて木べらでまぜる(b)。

3 粉っぽさがなくなったら、2の鍋に1の牛乳の1/3を加えてよくまぜる。お餅のようにもちもちした固さになってきたら(c)さらに牛乳1/3を加える。

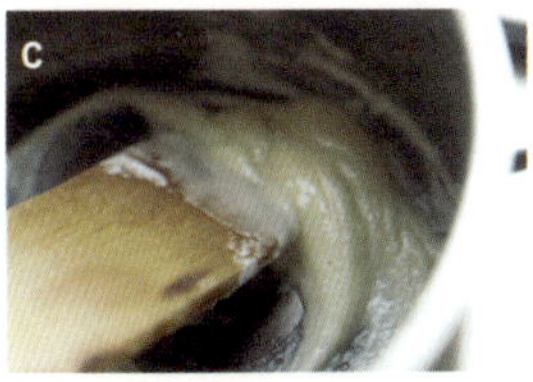

4 わらび餅ほどの固さになったら(d)残りの牛乳を全て入れ、よくまぜる。カスタードのような状態になったら(e)火から下ろす。

クロック・マダム

1 食パンにバターを塗り、上からベシャメルソースの半量(大さじ1-1/2)をまんべんなく塗る。

2 1の食パンにロースハムをのせてナツメグをふり、さらに残った半量のベシャメルソースを塗る。

3 仕上げに好みのチーズをかけ、180℃に温めたオーブンで表面にこげ目が付くまで10分ほど焼く(f)。

4 フライパンで半熟の目玉焼きをつくり、焼き上がったパンにのせ、好みでこしょうをふる。

f オーブンがない場合は、トースターで5分ほど焼く。

ブラウンソースのハッシュドビーフ

ハッシュドビーフ。
見た目は、ごくごく普通の煮込み料理だけど
なんとなくレストランより洋食屋さんで食べるのがおいしい料理。
シェフが背高のっぽのコック帽をかぶってくれていたら
なおさらおいしいだろうな。

ステーキのように、「ごちそうだ」と
威張っていない感じがまた洋食屋らしくていい。

見た目はごくシンプルだけど
たっぷりの時間をかけて丁寧につくられたブラウンソース。
これがなければ、おいしいハッシュドビーフは生まれてこない。

旨みのつまったブラウンソースは
油で小麦粉をブラウン色になるまで炒めて
スープやお肉、野菜などの味が一体となり、初めて出来上がる。
とろみ具合は、薄力粉なら強く、強力粉なら弱め、と、粉で調節ができる。

時間と手間はちょっとかかるけど
心の余裕をもって気持ちよく料理する術と
この奥深い味を一度知れば、きっとまたつくりたくなるはず。
じっくりつくって、ゆっくり味わってほしい。

ブラウンソースのハッシュドビーフ

材料

ブラウンソース(5〜6人分)

牛すね肉(ブロック)　300g
トマト　1個
トマトペースト　15g *
中力粉　30g
油　30g
ブイヨン　1.2ℓ

A
- 玉ねぎ　1個
- にんじん　1本
- にんにく　2片

B
- パセリの茎(好みで)　2〜3本
- タイム　6本
- ローリエ　2枚

* トマトピューレ30gでも代用可。

ブラウンソースのハッシュドビーフ(4人分)

ブラウンソース　400mℓ
牛肉(焼肉用)　200g
玉ねぎ　1個
マッシュルーム　8個
バター　10g
赤ワイン　50mℓ

料理について

ブラウンソースは自分でつくるとおいしさが格段に違います。このソースは冷蔵庫で2〜3日、冷凍ならば1か月ほど保存が利くので、煮込みハンバーグやオムライスソースに利用したり…活用の幅は広いのです。

残ったすね肉は…

ソースをつくり終えた後のすね肉は、手でほぐしてサラダに和えるとおいしい。

ブラウンソース

1 トマトの種を取り除き、約1cmの角切りにする。Aの材料は乱切りに、中力粉はふるいにかけておく。

2 ブイヨンを火にかけて温めておく。

3 鍋に油を入れ、1の中力粉を一気に入れてヘラでまぜる(a)。弱火で約10分ほど、ミルクココア色になるまで(b)炒める。

4 3の鍋を火から下ろし、濡れふきんの上にのせて少し冷ました後、再び弱火にかけ、2のブイヨンをお玉1杯分入れてよくまぜる。プルプルした固さになったら(c)再びお玉1杯分を加えてまぜる。これを何度か繰り返し、残りのスープを全て入れ、まぜる。

5 フライパンに油(分量外)をひき、牛すね肉を全面焼く。表面にこげ目が付いたら、Aを入れて炒める。

6 4の鍋に5と角切りにしたトマト、トマトペーストを加え、アクを取りながら強火で煮込む。アクが出なくなったら弱火にし、Bを入れて1時間半〜2時間煮込む(d)。

7 6を火から下ろし、ざるなどでこす。牛すね肉はぎゅっと押さえると旨みがしっかり出る。

ブラウンソースのハッシュドビーフ

1 牛肉を1cm幅に切り、塩とこしょう(分量外)をふってなじませておく。

2 玉ねぎを繊維に対して垂直に1cm幅の半月切り、マッシュルームは5mmにスライス。

3 牛肉に中力粉(分量外)を軽くまぶす。

4 フライパンを中火にかけてバターを入れ、2を炒める。バターがなじんだら軽く塩をふり、中火のままふたをして蒸し焼きに。しんなりしたら一度、皿に取り出す。

5 フライパンは洗わず、再び強火にかけ油(分量外)をひき、牛肉を焼く。両面に焼き色が付いたら赤ワインを注ぐ。アルコールが飛んだら4とブラウンソースを加えて5分ほど煮込む。

6 塩で味を調え、マッシュポテトやごはん(分量外)と一緒に器に盛る。

小麦粉 /
揚げる・蒸す

そら豆のフリット

材料

そら豆　40さや
ガス入りの水　100㎖ *
揚げ油　適量
A
- 薄力粉　50g
- 片栗粉　20g
- 塩　2g

* ペリエなど天然の炭酸水を。
ビールでも代用可。

1 ガス入りの水を冷蔵庫で冷やしておく。

2 そら豆のさやとうす皮をむき、薄力粉(分量外)を軽くまぶす。

3 **A**を全てボウルに入れ、箸でまんべんなくまぜた後、一気に**1**の水を加えて粉っぽさがなくなるまでかきまぜる。まぜる時は、練らないように気をつけること。

4 **3**のボウルにそら豆を入れて衣を付け、180℃の油で揚げる。

5 油の気泡が小さくなった頃に、網じゃくしなどで油を切るようにそら豆を引き上げる。

おいしさの秘密
そら豆は衣を付けて高温で揚げることで一気に蒸したような状態になり、ほくほくとおいしくなります。付けあわせには、たっぷりのミントとライムを。意外と相性が良いんです。

花捲パン

中国のお料理には
ふちがカリッと焼けたパンは似合わない。

お似合いだと思うのは
蒸籠から湯気とともに登場する
ふかふかの蒸しパン。

おかずと一緒にいただくものとして
中国では蒸しパンを日常的に食べるらしい。
肉まんなんかは、すでにおかずを包んで蒸したパンだ。

どの蒸しパンも、中国料理にあうように
生地は少し甘めに味付けされている。

生地を花のような形に巻いた
「花捲(はなまき)」と名付けられた蒸しパンがある。
花のように捲くから花捲……なんとかわいいんだろう。

蒸籠のふたを開けると
湯気の中からお花畑が現われる。

花《はな》捲《まき》パン

材料(8個分)

薄力粉　200g
塩　1g
油　大さじ1

A

- 油　大さじ1
- ぬるま湯　70ml
- 牛乳　30ml

B

- 砂糖　大さじ1
- ドライイースト　小さじ1

料理について

中華ブレッドの代表と言われる花捲。小麦にイースト、ちょっぴりの塩と砂糖。シンプルな材料でつくるので、どんな料理のお供にも。

おいしい食べ方

花捲に切れ目を入れ、色々な具を挟んで食べるのもおすすめ。ねぎとコリアンダーをたっぷり添えた角煮、うずら卵の目玉焼きをあわせたナムル、デザート感覚でチョコ&マーマレード…。焼き豚&マーマレードやエビチリも相性良し。

1 Aをボウルに入れ、箸でまぜあわせておく。

2 別の大きめのボウルに薄力粉を入れ、Bを同じ場所にかためてのせ、少し離れたところに塩をのせる。Bを溶かすように1を何度かに分けて注ぎ入れ、粉っぽさがなくなるまで箸でまぜあわせ、手でひとまとめにする。

3 生地をまな板に移し、全体にハリが出るまで5〜10分ほど手のひらでよくこねる。

4 生地が耳たぶほどの固さになったらきれいなボウルに移し、固く絞った濡れふきんをかぶせ、1時間ほど1次発酵させる。

5 生地をボウルから そっと取り出し、打ち粉をしたまな板に移す。打ち粉を生地の表面にまぶし、麺棒で厚さ5mmほどの長方形にのばす。

6 生地の表面に手で油を塗り(a)、手前から向こう側へ、巻き寿司のように転がしてロール状にし、巻き終わりを指先でつまんでとじる。

7 生地を16等分に切り、生地を2つずつ組みあわせ、切り口でない面同士を上下に重ねあわせる。

8 両手の親指と人差し指で両端をはさみ、ぎゅと押しつぶす。少し生地をひっぱりながらキャンディーを結ぶように90度ひねり、生地の両端をあわせるように、つまんでとじる。

9 とじた面を下にして、クッキングシートや竹の皮を敷いた蒸籠に間隔をあけて生地を並べる。ふたをして30分ほど2次発酵させる。

10 鍋にたっぷりの湯(分量外)を沸かし、生地を入れた蒸籠をのせて強火で15分蒸す(b)。

a 油を塗る際、長方形の長い辺の端1cmに油を塗らないようにしておくとのりしろとなり、生地がはがれにくくなります。

b 蒸す間、絶対にふたは開けないように! ふくらんだ花捲がしぼんで固くなってしまいます。

パンドーナツ

朝、ドーナツ片手にコーヒーを飲みながら仕事する風景を
外国の映画や雑誌などでたびたび見かけていた。
そのせいなのか
私にとって、ドーナツにはたっぷりのコーヒーがつきもの。
甘いものを一緒にとるとコーヒーの本当のおいしさが分からなくなるよ、と
コーヒー好きの人から言われたりもするが
ドーナツだけは、特別にゆるしてもらいたい。

コーヒーのお供として一番のお気に入りは、
ざらざらと歯ごたえを感じる砂糖がまぶされたドーナツ。
シナモンとナツメグのスパイスをふりかけると
違った味わいが楽しめて、さらにおいしい。

しかも揚げたてのドーナツはとれたての野菜のようにみずみずしい。
一度そのおいしさを知ってしまうと
ドーナツは油で蒸し焼きされた小麦自身を味わうお菓子だと
その見方までが変わってしまう。

「オールドファッション」のようなケーキ生地ではない
パン生地のドーナツは、一度発酵させてから揚げるので
ふわふわ軽く、少しもちっとしていて、ついつい手がのびてしまう。

パンドーナツを見ていると、給食でたまに登場した
みんなが大好きだった「揚げパン」のことを思い出した。
いつものコッペパンを揚げて砂糖をまぶしたパンのことだ。

子供の頃は、コーヒーではなく牛乳だったけど
今思えば、あれがパンドーナツの原型かな。

パンドーナツ

材料(8個分)

中力粉　250g *
塩　5g
ショートニング　18g
ぬるま湯　45㎖

A

- 砂糖　25g
- ドライイースト　5g
- ベーキングパウダー　4g

B

- 卵　1/2個(25g)
- 牛乳　75㎖ **

* 強力粉170gと薄力粉80gをまぜても代用可。
** 卵と合わせて100㎖となるように。

おすすめの小麦粉

〈幻のうどん専用小麦粉〉

大分で栽培されたチクゴイズミ100%の中力粉。配達する寸前に碾いてくれるため、香り高い小麦が堪能できます。生地そのものを味わう料理にどうぞ。販売はhttp://e-komugiko.com(小麦粉どっと通販)

1 大きめのボウルに中力粉とAを入れ、少し離れた場所に塩をのせる。

2 ぬるま湯をAにかかるように注ぎ入れ(a)、全体を箸でまぜる。

3 別のボウルでBをまぜあわせた後、2のボウルに少しずつ注ぎながら、箸でまぜる。粉っぽさがなくなってきたら手のひらでまとめ、まな板へ移す。

4 生地にショートニングを加え、手のひらで5〜10分こねる。生地にハリが出てきたらひとまとめにし、きれいなボウルに移す。固く絞った濡れふきんをかぶせ(b)、40〜50分ほど1次発酵させる。

5 打ち粉をしたまな板に移し、生地を8等分に切ってそれぞれ丸め、固く絞った濡れふきんをかぶせ、20〜30分休ませる。

6 生地の真ん中に手で穴をあけ、ドーナツ形にする。そのままおいて表面を少し乾燥させてから(c)、低温(160℃)の油(分量外)で両面がきつね色になるまで揚げる。

ドーナツを成形した後に表面を乾燥させると、揚げる時、生地に余分な油が染みこまず、さらっと仕上がる。

7 ビニール袋に砂糖(分量外)を入れる。ドーナツを網じゃくしなどで取り出し、油をよく切ってからビニール袋に入れてふり、砂糖を表面にまぶす。

冷水希三子（ひやみず・きみこ）
1974年生まれ。レストランやカフェの勤務を経て、30歳からフードコーディネーターの仕事を始める。雑誌や広告でのレシピ提案からスタイリング、店舗のメニュー開発、料理教室など幅広く活躍中。「また食べたくなるごはんをつくる。ただシンプルに食を感じる。そんなことを伝える仕事をしています」

本書は、月刊誌『Richer』（京阪神エルマガジン社）2007〜2010年の連載「小麦粉七変化」をもとに、新たにレシピを加え再構成しました。

撮影　田中陽子　吉田秀司
扉撮影　田中陽子
ブックデザイン　藤田康平（Barber）
連載担当　夏目雅子（Richer編集部）
編集人　稲盛有紀子

おいしい七変化　小麦粉

2010年11月17日　第1刷発行

著　者　冷水希三子
発行人　廣實留理
発　行　株式会社京阪神エルマガジン社
〒550-8575
大阪市西区江戸堀1-10-8
tel.06-6446-7718（販売）
〒104-0061
東京都中央区銀座1-7-17
tel.03-6273-7720（編集）
www.Lmagazine.jp

印刷・製本　図書印刷株式会社
ISBN 978-4-87435-342-4